世界五千年
科技故事丛书

卢嘉锡题

世界五千年科技故事丛书

学究天人

郭守敬的故事

丛书主编 管成学 赵骥民

编著 王国忠

吉林出版集团｜吉林科学技术出版社

图书在版编目（CIP）数据

学究天人：郭守敬的故事 / 管成学，赵骥民主编.
-- 长春：吉林科学技术出版社，2012.10（2022.1 重印）
ISBN 978-7-5384-6082-7

Ⅰ.① 学… Ⅱ.① 管… ② 赵… Ⅲ.① 郭守敬（1231～1316）
－生平事迹－通俗读物 Ⅳ.① K826.1-49

中国版本图书馆CIP数据核字（2012）第156189号

学究天人：郭守敬的故事

主　　编	管成学　赵骥民	
出 版 人	宛　霞	
选题策划	张瑛琳	
责任编辑	潘竞翔	
封面设计	新华智品	
制　　版	长春美印图文设计有限公司	
开　　本	640mm×960mm　1 / 16	
字　　数	100千字	
印　　张	7.5	
版　　次	2012年10月第1版	
印　　次	2022年1月第4次印刷	

出　　版　吉林出版集团
　　　　　吉林科学技术出版社
发　　行　吉林科学技术出版社
地　　址　长春市净月区福祉大路 5788 号
邮　　编　130118
发行部电话 / 传真　0431-81629529　81629530　81629531
　　　　　　　　　　81629532　81629533　81629534
储运部电话　0431-86059116
编辑部电话　0431-81629518
网　　址　www.jlstp.net
印　　刷　北京一鑫印务有限责任公司

书　　号　ISBN 978-7-5384-6082-7
定　　价　33.00元

序　言

十一届全国人大副委员长、中国科学院前院长、两院院士

放眼21世纪，科学技术将以无法想象的速度迅猛发展，知识经济将全面崛起，国际竞争与合作将出现前所未有的激烈和广泛局面。在严峻的挑战面前，中华民族靠什么屹立于世界民族之林？靠人才，靠德、智、体、能、美全面发展的一代新人。今天的中小学生届时将要肩负起民族强盛的历史使命。为此，我们的知识界、出版界都应责无旁贷地多为他们提供丰富的精神养料。现在，一套大型的向广大青少年传播世界科学技术史知识的科普读物《世

界五千年科技故事丛书》出版面世了。

由中国科学院自然科学研究所、清华大学科技史暨古文献研究所、中国中医研究院医史文献研究所和温州师范学院、吉林省科普作家协会的同志们共同撰写的这套丛书，以世界五千年科学技术史为经，以各时代杰出的科技精英的科技创新活动作纬，勾画了世界科技发展的生动图景。作者着力于科学性与可读性相结合，思想性与趣味性相结合，历史性与时代性相结合，通过故事来讲述科学发现的真实历史条件和科学工作的艰苦性。本书中介绍了科学家们独立思考、敢于怀疑、勇于创新、百折不挠、求真务实的科学精神和他们在工作生活中宝贵的协作、友爱、宽容的人文精神。使青少年读者从科学家的故事中感受科学大师们的智慧、科学的思维方法和实验方法，受到有益的思想启迪。从有关人类重大科技活动的故事中，引起对人类社会发展重大问题的密切关注，全面地理解科学，树立正确的科学观，在知识经济时代理智地对待科学、对待社会、对待人生。阅读这套丛书是对课本的很好补充，是进行素质教育的理想读物。

读史使人明智。在历史的长河中，中华民族曾经创造了灿烂的科技文明，明代以前我国的科技一直处于世界领先地位，涌现出张衡、张仲景、祖冲之、僧一行、沈括、郭守敬、李时珍、徐光启、宋应星这样一批具有世界影响的科学家，而在近现代，中国具有世界级影响的科学家并不多，与我们这个有着13亿人口的泱泱大国并不相称，与世界先进科技水平相比较，在总体上我国的科技水平还存在着较大差距。当今世界各国都把科学技术视为推动社会发展的巨大动力，把培养科技创新人才当做提高创新能力的战略方针。我国也不失时机地确立了科技兴国战略，确立了全面实施素质教育，提高全民素质，培养适应21世纪需要的创新人才的战略决策。党的十六大又提出要形成全民学习、终身学习的学习型社会，形成比较完善的科技和文化创新体系。要全面建设小康社会，加快推进社会主义现代化建设，我们需要一代具有创新精神的人才，需要更多更伟大的科学家和工程技术人才。我真诚地希望这套丛书能激发青少年爱祖国、爱科学的热情，树立起献身科技事业的信念，努力拼搏，勇攀高峰，争当新世纪的优秀科技创新人才。

目　录

目　录

一、雏燕展翅 志学笃行

郭守敬，号若思，南宋理宗赵昀绍定四年（1231）出生在邢州的邢台县，也就是现在的河北邢台县。河北邢台，历史悠久，相传殷王祖乙曾迁都于此。周代的时候，在这里建立了邢国。经汉、唐的发展，到宋代设邢台县，属顺德府。邢台依山傍水，有开矿铸铁、灌溉农田之利，而且位居南北交通要道，社会经济富裕，文化也比较发达。

13世纪初叶，我国北部主要为金朝所统治，南方则处在南宋王朝统治之下。金朝统治地区的北部，过着游牧生活，处于氏族部落后期的蒙古族部日益强大，势力不断向外扩展。1206年，成吉思汗统一蒙古各部，建立蒙古汗国，随后兴兵南下攻打金朝，1214年，成吉思汗率兵进逼金京中都（今北京市西南部）北郊，金宣宗完颜珣自中都迁都到开封。第二年，多谋略善领兵的成吉思汗便率兵占领了中都，改称燕京。五年后的1220年，蒙军攻占邢台，1229年，成吉思汗死后，他的第三子窝阔台继位。6年后，蒙古与南宋合兵，攻下蔡州（今河南汝南），灭了金朝，流一了整个北方。

此后，蒙古政权与南宋政权相峙数十年，成吉思汗第四子拖雷的长子蒙哥于1251年当上大汗后，将大漠以南领土上的军国大事交付给了自己的弟弟忽必烈，于是我国北部当时便处于忽必烈的统治之下，忽必烈在1260年蒙哥死后抢位自立为大汗，依中原的制度称皇帝，并开始采用年号纪年，称为中流。中流五年（1264），又改年号为至元元年，并在至元八年（1271）正式建立国号，称为"大元"。不久，元兵继续南进，灭南宋，于至元十六年（1279）完全平定了南方。从此南北统一，应了那句"天下大势，合久必分，分久必合"的古话。统观这段金末元初的历史，我们可以看到，郭守敬就是在元朝统治下出生和成长的。值得一提的是，当时元朝的统治者忽必烈，既是一位善于领兵打仗的军事家，也是一位头脑开明，有远见卓识的政治家，在完成南北统一大业的进程中，他总是鼓励农桑，发展经济，并为此广招天下贤士，形成了一种尊重知识，尊重人才的意识，这种重视知识和人才的氛围，对郭守敬日后事业的发展，起到了很大的支持和促进作用，这是后话，暂且不表。

1231年，郭守敬在蒙军统治下的邢台出生，他的父亲大概在早年就去世了，历书上也未曾记载，而他的老祖父郭荣，自号"鸳水翁"，却是一位学识丰富的知识分子。郭荣不仅通晓五经，还精于数学、天文、水利等多种学术，经常和当地一些志趣相投的士大夫们在一起讲谈学问，在这种知识氛围中长大的郭守敬，在祖父的言传身教下，从小就很喜欢学习各种自然科学知识。当别的同龄孩童还只知道嬉戏玩耍时，小郭守敬却热衷于观察周围自然界发生的各种现象。对书本中讲到的一些事物和现象，他总想搞清楚其中的奥妙，不但要"知其然"，还要"知其所以然"。

自制竹浑仪

700多年前的一个傍晚，晴朗的夜空中闪烁着点点繁星，人们都已进入了沉沉梦乡。却有一个十五六岁的少年还在自家院子里的一个土台上借着一盏灯光正在忙碌着什么。他正在摆弄着一个用层叠交叉的竹圈扎成的球形架子。只见他一会儿抬头凝视星空，一会儿又猫下身子转动竹球中一根小竹筒对准天上的星座观测着，一会儿又俯身在土台上就着灯光在纸上写着画着什么……那挂满汗珠的脸上，神情是多么专注啊！这个十五六岁的少年，就是日后成长为我国杰出科学家的郭守敬。这么晚了，他在干什么呢？

原来，前两天郭守敬读到一部解释《尚书》的古书，书中有一张"璇玑图"。璇玑是中国古代的一种天文观测仪器，又叫浑仪，历代都用青铜铸造。郭守敬看着这张图，仔细地研究了浑仪的构造和工作原理，便萌发了要把它做成实物的念头。首先遇到的问题是用什么材料，用青铜铸显然是不可能的，何不用竹子呢？平时郭守敬就喜欢用竹子做一些小玩意、小模型，这些动手的技巧现在正好用上！郭守敬兴致勃勃地找来一些竹子，将其剥成竹片、竹丝，按照图样扎制起来，可是要将构造复杂的浑仪用竹子做成实物谈何容易！郭守敬试了一次又一次，总是不满意。做好了拆，拆完了再做，郭守敬毫不气馁，一心一意要将这个竹浑仪做出来。为了解决一些技术上的难题，他冥思苦想，有时候正吃着饭，突然想起了什么，饭也顾不上吃便跑出去继续做，真可谓是废寝忘食。功夫不负有心人，一个漂亮的竹浑仪做成了！这个竹浑仪不仅外观精巧，而且还很实用，可以用来观测星空，也就有了我们前面所描述的那一幕。

郭守敬恐怕不会知道，这大概是世界上第一个也是唯一的一个竹制浑仪！更为重要的是这具竹浑仪的制作开了他日后发明大量天文仪器的先河。

巧解莲花漏

也是在十五六岁的时候，郭守敬得到了一幅拓印的"莲花漏图"。莲花漏是北宋科学家燕肃在古代漏壶的基础上加以改进而创制的一种计时仪器，构造颇为复杂。这种利用滴水来计量时间的仪器由一套水箱（上下匦）、水壶、吸水管（渴乌）、带刻度的箭等一系列部件组成。莲花漏的工作原理是采取一套箱壶，使大壶里的水保持常满，让水均匀地泼到箭壶里，流速保持稳定，可使插在壶中的下端有浮子的刻箭逐渐上升。读看箭杆上的刻度读数，就可知道是什么时刻了。由于水壶的若干部分以及刻箭都仿照了莲花、莲蓬和莲叶的形状，因此叫做莲花漏。

我们知道，四季水温不同，水的黏滞性有所变化，这会影响到水的流速和流量。另外，地球绕太阳公转，地轴是倾斜的，地球在轨道上的运行在一年中有快慢。因此每天日子的长度是不一样的！最多可以差到50秒钟，现在每天用24小时来计时，是取个平均数，叫做平太阳日。为了改善这些差异，莲花漏壶中使用的木箭，全套共48支，白天和黑夜各用一支，并随24个节气变换而更换使用。

燕肃为了推广他对这种漏壶的改进，曾在许多地方将莲花漏的图样刻在石碑上。因此在宋金时代，莲花漏流传得相当广泛。但在郭守敬成长的动乱时代，到处遭破坏，莲花漏的实物已经变得极少见了。单凭一张拓印图，成年人也不容易搞清楚它的构造和工作原理。少年郭守敬得到这张图后，认真琢磨，仔细研究，很快便将莲花漏的构造原理弄得一清二楚，讲解起来也是头头是道。于是，大家都对小小的郭守敬刮目相看，远乡近邻都知道，郭家有个聪明的孩子。事实上，聪明来自勤奋，我们都知道"笨鸟先飞"、"勤能补拙"的古语。并不是郭守敬的天赋超乎寻常，而是他具有善于思考、勤于钻研的精神。自制竹浑仪、巧解莲花漏，不过是流传下来的两个被人广为称道的例子。从中我们可以看出，郭守敬从小就专心致志于学习，肯动脑筋钻研事物的道理和内在规律，并善于动手从事科学实验和实践，这些素质，几乎是古今中外所有杰出科学家所必备的。

从学紫金山

老祖父郭荣见自己的孙儿如此志于学而笃于行，心中十分高兴和欣慰。郭荣有个老朋友叫刘侃，字仲晦，后改名为刘秉忠。刘秉忠博学多能，精通天文、数学、地理、音律和相术。他青年时代由于不得志，到湖北武汉富宁寺当了和尚。后因当时一位高僧海云禅师的引荐，见到了忽必烈，很受器重，成为一名谋士。在忽必烈争夺帝位、统一中国的征战中，刘秉忠出谋划策，推行文治，荐举人才，功勋卓著。

刘秉忠原是与郭荣很谈得来的好朋友，郭荣对他的博学多识十分钦佩。大约在1250年前后，刘秉忠因丧父回乡守孝三年，金末元初，北方民间讲学之风盛行。虽在战乱年代，各地却常有一些志同道合之士，聚在一些研讨学问，守孝期间的刘秉忠，同老朋友张文谦、张易等人聚会在紫金山讲谈学问，郭荣认为，这是一个让孙儿郭守敬开阔眼界、得以深造的好机会，因此在这段时期将郭守敬送到刘秉忠门下去学习。

值得一提的是，郭守敬在紫金山时的同窗好友中有一位叫王恂。王恂，字敬甫，中山唐县（今河北唐县）人，他自幼天资聪颖，3岁即能识字，6岁就读私塾，13岁学习算学，后来也成为一名出类拔萃的天文数学家。在紫金山学习的3年中，郭守敬如鱼得水，一面师从良师刘秉忠，一面与志趣相投的同窗王恂结为好友，在天文、算学、历法等各个方面学问都有很大的长进。尤其是算学，是研究天文历法的重要工具和基础。这一段时间的学习，为郭守敬将来在天文、历法上的杰出造诣奠定了坚实的基础。

二、邢州治水 初露头角

金、元之际，由于长期战乱，元朝统治的北方地区，生产力急剧下降，大片农田废弃。刑州本是一个人口繁盛、经济殷实的地区，有八万多户人家；但到1236年时，已剧减至一万四千户左右；再过十年，竟不足一千户。

忽必烈为了巩固在北方的统治，特别重视对地居南北交通要冲的邢州的治理。他在邢州设立安抚司，采取了一些积极措施，安抚流亡百姓，恢复农业生产。

疏通旧河道

在旧时的封建经济条件下，农业生产是整个社会、经济发展的基础，而水利与农业生产关系十分密切，因此，忽必烈十分重视水利建设，特别派遣有关官员负责水道的整治工作。

当时邢州城北有三条河流，经过30多年的战乱，河渠水道无人管理，河水常常破堤而出，四散漫溢；附近一大片低洼地成了沼泽，连冬天也不见干涸，人们行经此处，不得不提起衣裳涉水而过，有好心人安上几根木梁做桥，却是常架常坏，问题没有得到根本解决，给当地的农业生产和交通运输带来了很大的不便。

那时郭守敬才二十岁出头，刚刚从紫金山学成归来，决心以自己学到的知识，为家乡的水利建设出一把力，他一得到州官的任用，便立即到城北现场进行实地勘察。他不辞辛劳，不畏脏污，仔细地观察地形地貌，认真考察水流的来源去迹，而且不耻下问，遇到难题总是虚心地向当地父老们请教。郭守敬在查勘之后，按照水位、流量和灌溉需要等条件，设计出了一套切实有效的治理方案。他划定了河道位置，确定了堤岸的尺寸，核算了需耗的工时。一切规划就绪，疏浚工程开始，郭守敬担当工程总指挥，带领着招募来的父老乡亲将三条河水导向下游。

翻新古石桥

疏通完河道后，还需要架桥。三条河道中间那条达活泉上原先有座小石桥，战乱中倒塌后被泥沙倾没，早已不见踪影，为了方便百姓们来往行路，郭守敬决定在原有的位置上再建一座新石桥。为此，他仔细测量了达活泉河道及周围的地形地势，确定了建桥的方位。

建桥工程开始了，民工们按照郭守敬设定的地点开始打桥基，深挖淤泥和沙土。挖着挖着，突然挖到了硬邦邦的东西，原来是将那淹没多年的古石桥挖了出来！大家都不由惊叹郭守敬的好眼力，所选的建桥地点与以前建桥的方位分毫不差。由于古石桥的基础石仍旧十分完整，于是便可在原有的基石上建桥，这样一来建桥的工程既省力又省料，很快便完工了。

美名传乡里

从此，河水依然沿旧河道流去，不再泛滥。当地的百姓既不再受污水泥淖之苦，又得新石桥往来之便，还大大满足了临近农田灌溉的需要，促进了当地农业生产的恢复，使百姓安居乐业。

郭守敬在家乡规划主持的这一河道工程，只征调了400多人干了40天，便顺利完工了。在设计施工期间，郭守敬并不高高在上发号施令，而是同民工们一起同甘共苦，遇到技术上的困难，他不是一意孤行，而是虚心向经验丰富的老技工请教，修整自己的方案；人手短缺时，他总是穿着破旧的衣服同民工们一起劳动，不怕劳累，大家都很喜欢这个聪敏好学、有本事又不摆架子的好青年。

郭守敬修复河道的事迹很快在邢州周围传播开来，人们借用唐代李商隐的诗句，夸奖郭守敬是"雏凤清于老凤声"。当时有一位著名的文学家元好问，原是金朝的进士，到元朝时隐居不仕，他就写了一篇文章，叫做《邢州新石桥记》，生动记述了达活泉上新石桥的建造经过，其中特别提到"里人郭生立准计工"。记下了郭守敬在水利工程上崭露头角的业绩。

三、西夏修渠　黄河探源

　　郭守敬在家乡邢州修桥治水、初露头角之后，并没有自得自满。他清楚地知道，自己年纪还轻，但学无止境，正像古人说的那样："吾生有涯而学无涯"。（意思是说，人的生命是有限的，但对知识的学习却是永无止境的。）所以在随后近十年的时间里，他没有进入仕途，而是潜心学术，积累知识，为今后的科学研究工作打下了坚实的基础。

　　而在这段时间里，当年同郭守敬在紫金山相

为师友的一班人，如刘秉忠、张文谦、王恂等，都先后担任官职，得到忽必烈的赏识和重用。1260年，忽必烈任命张文谦为"左丞"。（中央政府机关的最高负责官员），后又兼任大名路与彰德路（今河北大名地区西部至河南安阳地区东部）的地方官，从京都调转到地方，古时外放的京官，总要带上几个亲信随从，作为自己的左膀右臂，以便行事得心应手。张文谦一得到调令，就立刻想起了老朋友刘秉忠的学生郭守敬来了，于是，郭守敬打点起行装，辞别亲朋好友，跟随张文谦上任去了。

规划整治水利

当时，忽必烈正在漠北排兵布阵，同与他争夺汗位的蒙古贵族打战，因此需巩固他的漠南后方。他在张文谦调离京都之时，就授意张文谦要重视农业生产，稳定人们的生活。

郭守敬到了大名、彰德地区，发现那里的人民生活虽然逐渐安定，但由于连年干旱，农作物产量很低，生活十分贫困。郭守敬深知水利兴建是恢复农业关键所在，他认真察看了当地河流水渠的分布，仔细估量了地形地貌，结合他在家乡修桥治水的经验，周密地考虑了该引哪条水，该修哪条渠。在头脑中形成了一整套整治水利的地区规划方案。

公务之余，郭守敬没有放弃他所擅长的天文仪器的研制工作。他在早年间就已经弄明白了莲花漏的计时原理，只是苦于没有力量正式仿制。现在，自己在地方上担任重要官职，有了人力和物力的保证，顶头上司又是深谙天文历法的旧日师友，于是他亲自动手，指挥匠人，开炉熔铜，按照早年所见的图样，浇铸了一套正规的铜漏壶。这套铜漏壶名"宝山漏"，后来随郭守敬北上燕京时运至京都，献给政府使用，因为这套计时仪器构造精巧、水流均匀、计时准确，后来元代的司天台（即国立的天文台）上也采用了这种漏壶作为计时的工具。

忽必烈召见

1262年春，张文谦向忽必烈推荐郭守敬，说他"习知水利，巧思绝人"。意思是说郭守敬熟知水利方面的事情，十分聪明能干。而当时忽必烈刚刚登上汗位两年，为巩固政权统治，安定人民生活，保证对军队的治养，采取了一系列鼓励农桑、发展经济的政策措施，因此求贤若渴，广为网罗各种专门的技术人才。他一听到张文谦的大力推荐，便很快将郭守敬召到开平府（今内蒙古多伦附近）接见。

郭守敬感到实现抱负、大展宏图的机会到了，心中又高兴又激动。在开平府被召见的那天，结合自己往日实地勘查的积累，针对当时农业生产的实际情况和国民经济的需要，向忽必烈呈报了六项治理华北水利的建议，并系统而详细地阐述了每项工程的效用及具体实施方案，郭守敬从容不迫，娓娓道来，听得忽必烈不时地点头称许。郭守敬讲完后，他不无感慨地对左右官员说："任事者如此，人不为素餐矣！"意思是说，担任职务办事的人，像郭守敬这样，才不是摆摆样子吃闲饭的啊！并当即任命郭守敬为提举诸路河渠，即管理地方河道水利事宜的官员，着手实施这些建议。

开引玉泉水

这年八月，郭守敬正式提出"开玉泉以通漕运"的具体方案，提请修复废弃的漕运河道，并导引入玉泉山水，使从大运河运到通州的粮食，能够全由水路运抵京城，忽必烈批准了他的方案，并派宁玉"充河道官，疏浚玉泉河渠"。宁玉是元初负责漕运并很有成绩的官员，在此前后也多次治理过漕河。这次他来到燕京，按照郭守敬的规划，开凿玉泉山水，将其引入旧漕河。但因毕竟只有一泉之水，流量有限，对恢复大规模的航运，似乎帮助不是很大。

尽管如此，引来的玉泉水增加了当时中都（即北京）城内湖池川流的水量，便利了人民的生活；其后又为大都至迪州北线运河的开凿奠定了基础。因此，开玉泉水通旧漕河是郭守敬对北京水利兴修所建的第一功，也是历史上大规模开发玉泉水源的最早记录，郭守敬这一历史功绩是不可磨灭的。

修复西夏渠

1263年，郭守敬被提拔为佩带银符的副河渠使。1264年初夏，郭守敬同河渠使唆脱颜一道奉命到西夏（今甘肃、宁夏一带）视察河渠水道。沿黄河上游的河套平原西北部一带，原属西夏，历来是西北重要的农耕地区，早在汉唐各代就开凿了许多河渠，引黄河灌溉农田。大大小小的干渠和支渠总共有80多条，最长的唐来渠，长达200千米，其次是汉延渠，也有125千米；还有十来条干渠，各长100千米。这些渠道在河套西部，构成了一片水利网，灌溉着九万多顷良田。但由于连年战乱，渠道失修，河床淤浅，坝闸倾废，以致土地荒芜，收成日减，百姓们纷纷外出逃荒。

当时按元朝政府的规定，官员的正职都派蒙古人充任，汉人只任副职，所以，尽管是唆脱颜与郭守敬两人受命来到西夏，实际上是郭守敬担当了主要的考察工作。这年八月，元朝政府颁布了陕西、四川、西夏中兴等处设立政府机构、治理人民生活的有关条例规则，同时，张文谦又出任西夏的行政长官。在张文谦的支持下，郭守敬更是如虎添翼，开始大规模地整治西夏古渠。他采用"因旧谋新"的方针，主要在古渠河道的基础上设计规划，加以修整；同时"更立闸堰"，修复和重新调协用以控制和调节水位与流量的水坝水闸。他还设计了河渠入口附近的滚水坝和两三个退水闸。水小时闭闸，水大时则酌量开闸，以调节水量，过了退水闸，才是渠道的正闸，这种设计具有很高的技术水平和实用价值。这项工程得到了当地百姓们的拥护与支持，工程进展得十分顺利。没过多少时间，几十条河渠都畅通无阻。不仅有利于航运，还扩大了灌溉面积。逃荒的农民纷纷返回家乡，重建家园，不到一年光景，这儿又恢复成为西北重要的产粮基地，呈现出一片渠水四达、稻麦丰收的景象。西夏人民衷心感谢郭守敬，特意在渠上为他建立了一座庙祠，来纪念他的功绩。能得到老百姓们如此的爱戴，是多么大的一种荣誉啊！但在郭守敬的心目中，能够为人民群众办实事，使父老百姓安居乐业，远比这些荣誉重要得多！

探溯黄河源

郭守敬在西夏修复河渠古道期间，日日面对滚滚而来的黄河洪流。不禁产生了一个疑问：黄河的源头在哪里？古人云："黄河出自昆仑""黄河之水天上来"。但这种未经实地勘察的假说和诗句，都不能解决这位勤于思考、善于钻研的科学家的疑问，他决定"挽舟溯流而上"，去探索黄河之源。他从孟门（今河南孟津）往西，沿黄河旧道，逆流而上数百里，终因风涛险恶，只得中途折回。郭守敬虽没能探溯到黄河之源，却是以科学考察为目的，有意识地探寻黄河之源的第一人！

这一壮举，虽"前无古人"，却是后有来者。到了1280年，有一位名为都实的后继者奉忽必烈之命专程前去考察黄河河源。这次探索的经过都记录在一部《河源记》的专著中，虽然同样没能得到确切的结果，但也获得了不少颇有价值的资料。毫无疑问，作为先驱者的郭守敬的考察，对都实是有相当的影响的。六七百年后的1952年8月，黄河水利委员会等单位组织黄河河源查勘队，经过四个多月的考察，行程万里，终于查勘出黄河发源于青海雅合拉达合泽以东的约古宗列。郭守敬若在天之灵有知，亦会十分欣慰。

四、重开金口　新建水驿

1265年，郭守敬从西夏回到中都。为了考察各地的水利灌溉情况，他特地率领随从人员从中兴州（即西夏都城兴庆府，位于今宁夏银川东南）乘船沿河套迂回地顺黄河而下，船行几昼夜，到达大同府所属的东胜（今内蒙古托克托），证明了这一段水路完全可以通航。这时，忽必烈派往调查黄河水利航运的官员也正好到达东胜，听到这个好消息，立即派人飞马驰奔中都，向忽必烈报告喜讯。从此，自富饶的粮仓河套地区运送粮食到中都，不必全靠陆上运输，有长长一大段的路程可用船只漕运，大大方便了运输。

考察途中，郭守敬还发现东胜西边的查泊兀郎海（今内蒙古乌梁素海）附近古渠甚多，经过疏浚，也可用于灌溉。他回到中都向忽必烈报告此行经过时，同时提出了这一建议。忽必烈十分高兴，当即表示赞同。郭守敬回到中都后不久，忽必烈鉴于郭守敬工作认真、吃苦耐劳，且成绩显著，升任他为都水少监，也就是掌管全国河渠、堤防、水利、桥梁、闸堰等事务的高级官员。

引永定河水

郭守敬西夏之行归来，除提出关于河套北端的水利建设的建议外，又提出了关于增辟中都水源这个老大难问题。

金代曾在京西的麻峪村（今北京石景山西北），开引卢沟河（今永定河，元代称浑河）水穿西山东出，称为金口，金口以东的金口河曾经灌溉了京口至中都两岸的许多良田，促进了京西郊农业生产的发展。但是，永定河是一条典型的暴涨暴落的恶河，河水非常难控制。春冬少雨时，容易沉积泥沙；而到夏秋洪水季节，水势汹涌，常常泛滥成灾。自古以来，人们都称它为"无定河"。由于引水与防洪的矛盾，以及永定河的高含沙量带来的淤积难以解决，金代开凿金口河后只过了15年，就因山洪决堤，不得已又把金口填塞了。

1265年，郭守敬本着"上可致西山之利，下可广京畿之漕"的目的，提出重开金口，实现引永定河水为漕运服务的规划，为了既引进所需水量，又避免将洪水"引狼入室"，确保城市安全，郭守敬认真分析总结了前人失败的原因和应吸取的经验教训，提出在"金口以西预开减水口，西南还大河，令其深广，以防洪水突入之患"。也就是说在通往城区的金口上游增设一条尺寸足够宽大高深的溢洪道，当自东入渠的洪水过多时，可以自然溢流回西南边的主河道，同时保证足够量的河水入渠。这种规划设计在我国古代水利建设中虽然是经常使用的方法，但能够如此大胆而稳妥地应用于永定河这样凶猛的大河还是首次。

忽必烈采纳了这一方案，于第二年年底实现了"凿金口，导卢沟水，以漕西山木石"的计划，也就是说，这段修复了的金口河，对船只航运的益处虽未见于史书，但它对西郊农田灌溉和顺流漂送从西山开采的木材至城内，起到了相当的作用。郭守敬这一成就在古代永定河引水上是空前的。

设水驿交通

古语说："黄河百害，惟富一套"。郭守敬在回京途中，以切身经历证实了从中兴州到东胜这一段水路完全可以通航。他回京向忽必烈汇报此次西夏之行的前后经过时，特别提出了河套一带的漕运通航问题，引起了忽必烈的重视。从政治军事角度上考虑，忽必烈对靠近蒙古族发祥地的这块重要地区自然是十分关注的。1267年秋天，忽必烈下令在从中兴州到东胜之间数百里长的这段黄河上，新添设了10所水上驿站，使其接通原有的驿站，专办西夏到上都和中都的军政通讯事宜。

1271年，忽必烈采纳刘秉忠的建议，仿前朝正式建立国号，取《易经》"大哉乾元"之意，建国号为"大元"，称元世祖，并将中都改名为大都，这年，郭守敬被擢升为都水监，负责全国河渠水利的经营治理工作。郭守敬一上任，就向忽必烈提出要在全国范围内兴办水利工程，得到了批准。第二年，忽必烈便下诏通知所辖各路，要兴办水利。

1274年，忽必烈派兵大举南下伐宋。为了保证华北平原对前方军需的供给，提高通信和交通效率，元朝政府决定在原有陆路驿站之外，增设水路驿站。因此，郭守敬奉命考察，今河北、山东、江苏等地的水道交通情况，确定水路交通的路线。郭守敬经过详细的实地勘查，将大都南方华北平原中心，济州、大名、东平一带汶水、泗水同御河及大运河相通的形势和连接的水道交通网，绘制成图，连同自己确定的五条河渠干线，上报元朝政府。忽必烈在郭守敬呈报的实际情况和规划设想的基础上，决定西起卫州，中以东平为枢纽，东连鲁中、南，南至徐州、吕梁的黄河下游，北接运河直到杨村，建立了水驿交通站，备有船只供官员来往和传递文书，加强了中央政府对南方攻宋军队的指挥联系和军事给养的运输力量。

作地形测量

1276年，元政府把都水监合并入工部，郭守敬随之转入工部改任郎中的官职，依旧负责河工水利，郭守敬在都水监与工部任内，做的实际工作是很多的，据史书记载，他"前后条奏全家凡二十余事"，就是说光他上报中央政府的事宜，就有20多件。他勘察治理过的"河、渠、泊、堰"，大大小小不下数百余所，除了前面讲到的几件大事之外，他工作中成绩比较显著而突出的，还有黄河中游的地形测量这一项。

据史书记载，郭守敬曾经从河套西头的孟门山起，顺中条山往东，沿着黄河和黄河改道一路测量地形，掌握了大河之北纵横数百里地区内地势起伏的变化。透过几百年的时光，我们回首看去，似乎看到这位大科学家不辞辛劳、风尘仆仆的身影，他或驱牛车、或行木船或以步当车，穿行在众多的古渠故道中。哪里应该开渠以"分杀河势"，何处可以引水来"灌溉田土"，他都一一绘在地图上，详细注明情况。就这样，在黄河中游的大块土地上，他做了一次大面积的地形测量，积累了大量的第一手资料，作为规划的依据。在当时交通很不发达的情况下，这项测量工作的工作量之大，工作的繁难程度是可想而知的，从中也反映出郭守敬作为一名科学工作者的良好素质和敬业精神！

创标高概念

郭守敬在长期的水利工程实践中积累了丰富的经验，同时也有不少理论上的总结和创新，标高概念就是突出的一例。

近代水平测量需要以一定的海平面作为零点，以此作为标准来测定各地的水平高度，称为标高，亦叫海拔。这在西方，是19世纪20年代才有的概念。长期负责河工水利，郭守敬凭着科学严谨的治学态度发现，测量地形的高低需要一个基准，以作比较。他根据自己所得的地形资料，以大都东边的海平面为基准，将大都的水平高度与海平面作了比较。又进而将大都至开封一线上逐段的水平高度，分别与海平面基准做了比较。于是，他就得到了这500多千米长的路途上许多地方超出海平面的高度，即标高。

郭守敬所做的，是一项重大而紧要的大地水平测量工作。可惜当年的图志均已散失，无从查考了。只知道他得出的结论中有一条说：汴梁（今开封）离海远，标高大，因此水流湍急，大都离海近，标高小，所以水流和缓。这是在我国首次创设了用海平面以上的标高来表达地形高低的办法，在地理学与测量学上具有重要的科学意义，在世界上比西方要早五六百年。

青年和壮年时期的郭守敬，本着科学严谨的精神、认真负责的态度，理论结合实际，在那个时期对我国北部的河道工程、农田水利和水路交通的建设，对农业生产的恢复与发展，作出了很大的贡献。

五、简仪高表　巧思绝伦

　　中国长期处于封建社会之中，经济活动以农业为本。农业生产便需要准确的历法，编制历法是我国古代天文学在实际应用中的主要一环，广泛涉及天文学中的观测、推算与仪器制造等各个范畴。因此，历法的精确程度从某种意义上讲体现了我国古代天文学发展的成就。而中国历代的封建帝王，自认为是"天子"，因而王朝的兴衰，被认为是与天地日月运转的数理有关。这种运转之理，叫做天道，也称为历数。所以，各朝皇帝都特别重视历法的制定，尤其是改朝换代时要重颁新历，把颁历视为皇权的象征，看做是受命于天的标志。

元朝统治者来自中国北方的游牧部落蒙古族。虽已逐步演变进入了封建社会，却并没有自己完整的一套历法。从13世纪初成吉思汗勃兴以来，一直沿用金朝的大明历。年长日久，斗转星移，这部历法已推算不准，经常出现差错。成吉思汗西征时，人们在初一晚上会看见本应在初三才能出现的一弯新月，日月食也不在预报的时刻发生，连农事活动所遵循的二十四节气的日期也不准确，严重影响了农业生产和人民生活。当时，耶律楚材曾拟订"西征庚午元历"，但未施行。后来，波斯人札马鲁丁用回回历法制成"万年历"，献给忽必烈，因为不精确，只用了很短时间就被废弃了。这时，不仅因历法不准确而"失误国家大事"，而且江南一带的地区仍旧继续使用着南宋的成天历，南北历法的不一致，给新皇朝的统治带来了不少障碍。其实，刘秉忠早在忽必烈初登皇位时就提出过改新历的奏议，可是忽必烈忙于打仗，始终没顾上办理。到1276年，元军攻占江南，天下基本统一，忽必烈感到编制颁布新历的急迫性。为了尽快编订出新的历法，元政府特地成立了一个专门机构，称为太史局，任命张文谦、张易总管其事，授权"以算术冠一时"的王恂负责具体的组织工作。

入主太史局

当时，郭守敬本任工部郎中，主管水利部门，但他精通天文历算，早已众所周知，因此忽必烈将他抽调出来，到太史局同王恂一起主办改历事宜。

我们在前面讲述郭守敬青少年时代的经历时曾提到过，王恂是郭守敬在紫金山时的同窗好友。二三十年后，他们又一同在太史局共事，郭守敬擅长仪器制造和天文观测，王恂精于数学计算和历法编排，他们彼此配合默契，相得益彰。

首先，他们广招人才，他们将通晓历理、已告老还乡的著名学者许衡请回来共同主持太史局的工作；又从大都司天台和上都司天台原有人员中，抽调了娴于计算、精通测验的30人；还把原在江南南宋皇室从事天文历法工作的官员以及民间通晓天文历算的人士，集中调来太史局，一起修订新历。同时，他们还搜集了历代各种不同历法材料40余种，对它们逐一进行详细的分析，去粗取精，去伪存真，以探索编制新历的方法。

修复旧仪表

治历工作伊始，郭守敬就指出："历之本在于测验，而测验之器莫先仪表。"就是说，治历的根本在于实际的天文观测，观测要有工具，得先准备好适用的仪器仪表。这同许衡的见解是一致的，因为许衡认为测定冬至时刻是法历的基本工作，做好这次工作，就便于测定一年中二十四个节气。

郭守敬亲自到大都南城外金朝时期的司天台，检查了过去金朝从北宋开封掳掠来的铸造于300年前的大浑仪。这台浑仪当年远道颠沛，在运送途中免不了有损伤；加之长期弃置，更是环圈锈蚀，转动失灵；另外，这台浑仪原是在开封使用的，大都的地理纬度要比开封高得多，但仪器上指向天球南北极方向的轴的位置并没有得到很好的调整。郭守敬经过夜晚的观测，发现这台浑仪南北极轴的方向与实际位置相差了大约4度，可见如果仍旧使用这台旧浑仪，测得的数据自然不会准确，台上的圭表，也因年久失修，倾斜残缺得不成样子。郭守敬对这些旧的仪器一件件做了仔细的检查、校正和修复。这样，必要的天文观测工作，总算可以进行了。

但是，在实际观测中，郭守敬感觉到这些旧仪器使用起来并非得心应手，存在许多不足之处，测量的精准度也很不够，不能满足科学上的准确要求。本书开篇就讲述过郭守敬在早年时期亲手制作竹浑仪的故事，由此可见他对浑仪向来是颇有研究的。在对旧仪器暴露出来的问题进行仔细分析后，郭守敬产生了自行设计、制造新的、更先进天文仪器的念头。其实，郭守敬那时已经46岁了，担任的职位也很高，完全没有必要亲自动手。但是，对科学知识的不懈追求和重视实际动手的精神，驱使他煞费苦心、殚精竭虑地设计出一件又一件的新仪器，同时召集了一批能工巧匠，按照自己的设计进行冶铸。

创制新简仪

早在战国时代，也就是两千多年前，我国便有了自己的测天仪器——浑仪。浑仪又叫做浑天仪，是由七八层环圈套叠起来的一种大型天文仪器，形状象征着天球。什么是天球呢？

当我们抬头观望浩大无限的天空时，天空就像半圆球一样覆盖着大地，太阳和月亮好像就在这半个圆球上东升西落，而天上不计其数的星星也像是附缀在这个圆球面上闪闪发光，并不断变换着位置，而地平线下面似乎还有半个圆球，与天穹合在一起就成为一整个大圆球，就是天球。但这只是从人们视觉上反映出来的表观现象，并不代表天体的实际运动。因而天球实际上是不存在的，只是为便于记录、计算和探讨天体运动的现象而建立的模型。浑仪便是模拟天球的测天仪器。浑仪中心有轴，两头分别指向天球的北极和南极，仪器上还有许多环，有的代表地平线和南北子午线，有的代表赤道和黄道，有的是固定不动的，有的却是可以转动的，有的环上还刻有度数、时刻和方位。各环正中间夹着一根空心长管，外方内圆，能在环缝之间转动，叫做窥管。顾名思义，是用来窥测天体运动的。窥管犹如近代天文台上的望远镜，所缺的只是有放大功能的透镜罢了。这种浑仪，起初结构比较简单，经过1000多年的不断改进和完善，发展到唐代，已然十分完美。在当时的世界上，也是首屈一指的！反映了我国古代人民的超凡智慧，休现了中国古代文明的灿烂辉煌！

既然浑仪是古代最重要的测天仪器，历代天文学家们都对它进行了补充和完善，其构造由简至繁，功能也由少增多，但同时也产生了环圈相互交错、遮掩观测视野的缺点，层层叠套的环圈，每个都有一定宽度。人在窥管下端观测时，常会发现要瞄准的天体被某一道环圈挡住了，实在是不方便；有时候，天体的出现是转瞬即逝的，由此还会把一个十分难得的观测机会错过了，那就更加遗憾了。郭守敬根据自己的实际观测经验，针对浑仪这一不足之处进行了大胆革新。他将那些并非必要或作支架的圆环统统舍弃掉，只保留了两组最基本的环圈系统，并将这两组装置设计在同一座仪器的上下两个部位，相互独立，可由两个人同时操作，再用一对弯拱形的柱子和另外四根柱子代替原来罩在外面作为固定支架用的圆环，这样，圆环四面凌空，一无遮拦。这种结构，比起原来的浑仪，真是又实用、又简单，所以命名为"简仪"。简仪还容纳了郭守敬为改历临时赶制的五种仪器（候极仪、立运仪、四游仪、星晷定时仪和正方案）于一体，可配套使用，也能各部分独立观测，表现了郭守敬精思巧制的高超技能。另外，郭守敬所制简仪的刻度划分也空前精细，以往的仪器一般只能读到1度的1/4，这座简仪却可读到1度的1/36，精密度提高了许多。这座仪器一直保存到清初，非常可惜的是后来被在清朝钦天监（掌管天文历法的部门）中任职的一个法国传教士纪理安当作废铜销毁了。现在只留下一架明朝正统年间（1436—1449）的仿制品，保存在南京紫金山天文台。

简仪继承了道家术士云游各地时所携带的观测设备简便的历史传统，也受由西土（主要是阿拉伯一带）传来的各种单项观测设备及观测方法的启发，再加上郭守敬多年从事水利、天文测量实践所积累的经验、教训，终于促成前无古人的一代创制并长远影响后世。

简仪制成于1279年，是世界上第一台赤道仪。欧洲古代都用黄道装置，赤道装置曾被认为是欧洲文艺复兴时期天文学方面的主要进步之一。西方最早制成和使用类似简仪的赤道装置的，是1598年的丹麦天文学家第谷，比郭守敬晚了3个世纪。至于近代工程测量、地形测量以及实用天文测量用的经纬仪、航空导航用的天文罗盘，其结构与简仪中的立运仪实际上属于同一类型。因此，简仪也可算是所有这些近代仪器的鼻祖。1940年，英国的约翰逊在国际科学史杂志《ISIS》32号上撰文说："（中国）元代仪器所表现的简单性，并不是出于原始粗糙，而是由于他们已达到了省事省力的熟练技巧。这比希腊和伊斯兰地区的每一种坐标靠一种仪器测量的做法优越得多——无论是亚历山大或马腊格天文台，都没有一件仪器能像郭守敬的简仪那样完善、有效而又简单。实际上我们今天的赤道装置并没有什么本质上的改进。"

提供新数据

郭守敬创制简仪的初衷是为改制新历提供精确的数据，简仪制好之后，他用这台仪器作了许多精密的观测，其中有两项观测对新历的编制具有重大意义。

一项是黄道和赤道的交角的测定。黄赤交角是一个天文学上的基本常数，这个数值从汉朝起一直被认为是24度，1000多年来始终没有人怀疑过。实际上这个交角年年在不断地缩减，只是每年缩减的数值很小，只有半秒，短期内难以觉察。但变化虽少，日积月累了1000多年也就会显出影响来的。而且，黄赤交角度数的精确与否，对其他计算结果的准确与否很有影响。因此，郭守敬首先对这个沿用了千年的数据进行检测。果然，经他实际测定，当时的黄赤交角只有23度90分，这是用古代角度制算出的数目，换成现代通用的360度制，应是23°33′5″3。与正确的数值只相差1′6″8。这个准确度，在六七百年前的时代，已经是非常难能可贵的了！

另一项观测就是二十八宿距度的测定。二十八宿距度，从汉朝到北宋，一共进行过五次测定，其精确度逐次提高，最后一次在宋徽宗崇宁年间（1102—1106）进行的观测中，这28个数值的平均误差0°15，即9′，而郭守敬经过测定，修正后的数值，平均误差降低了一半，只有4′5。这也是一项很了不起的成绩！

除此之外，在编订新历法时，郭守敬还提供了不少精确数据。可以说，新历法的成功，郭守敬功不可没！

建造观星台

中国古代用于历法计算所必需的天文观测仪器，除了测量日、月、五星和恒星位置的浑仪，还有一件便是测量正午太阳影子长度的圭表。

所谓"表"，是一根垂于地面竖直而立的标杆，最早是石柱，后来用过竿，再后来改为铜制；所谓"圭"，是指从表的跟脚向正北方向延伸的一条长石板，上面有刻度。每天正午，当太阳升到天空正南方时，表的影子刚好落在圭面上。一年中，日影最长的那天是冬至，日影最短的那天是夏至。我国历代的天文学家，每年都要仔细测量冬至和夏至前后若干天日影长度的变化，借以推算出冬至和夏至的准确时刻。而通过测量若干年的冬至时刻，就可以推算出一个回归年长度。回归年就是太阳从上一年的冬至点运行到下一年冬至点所需的时间。回归年长度确定了，一年四季和用于农业生产的二十四节气的准确时刻才能够得出。

这种仪器看似简单，使用起来却会遇到几

个重大困难。首先是表影边缘不清晰。我们知道，太阳是圆球形状的，上下边缘通过竖立的直表各投在圭面上两个影子，中间有一段距离。精密的要求是要测量太阳中心部分投出的影子落在圭面上的长度，可是这条界线很难划分清楚。其二是测量影长的技术不够精密。古代量长度的尺子一般只能量到分，往下可以估计到厘，即十分之一分。按照千年来的传统方法，测量冬至表影的长，如果量错一分，就足以使按比例推算出来的冬至时刻有一个或半个时辰出入，形成很大误差。另外，传统圭表只能观测日影，不能观测星影和月影。

对这些困难问题，唐宋以来的科学家们已经做过很多努力，始终没能很好地解决。现在，这些难题仍旧摆在了郭守敬的面前。郭守敬凭着他深厚的数学基础与渊博的科学知识，在仔细探讨了前人成果的基础上，深入思考了这几个问题。找出了克服困难的办法。首先，他对圭表的高度作出大胆革新，将直立的铜制表杆增高至四丈。

传统的圭表，一般表杆为八尺，这个标准高度大约从周代时已成定例，沿用千年，郭守敬一下子将这个高度增大了五倍。由于表身增高了，太阳的影子也就相应地加长，影子终端的相对误差也就减小，使观测精度大大提高。表身增高后，表端的影子却更容易虚淡模糊。针对这一问题，郭守敬在表端设一横梁，利用针孔成像的原理，创制了景符。景符是一片薄铜叶，正中开有一个针孔大的小孔。如果将景符仰面正对太阳，日光通过小孔，它下面就会形成一个极微小的太阳像，这种现象我们在日常生活中也会碰上。不知同学们注意到没有，当夏日晴朗的阳光当头照在多叶的树枝上，交叉的树叶之间往往会留出一些微小的空隙。而这时地上婆娑的叶影中，常常会闪闪地呈现出一个个圆圆的亮点，那就是太阳的针孔象，这种物理现象，我国早在10世纪时就已发现了，并将其用于科学实践中。景符的工作原理是这样的：测量正午日影时，将景符放在圭面上影端近旁，先使景符垂直于日光，再前后移动景符，当景符上的针孔、表端横梁、太阳处在同一条直线上时，在圭面上太阳的椭圆影像中隐隐显出一条细如发丝的横梁影子：梁影平分日像时，量出的便是日面中心的影长。这样测量出来的表影长度，自然比以前要精密得多，西方在300多年后，还达不到这样的精密度呢！

为了使圭表能够观测到亮光微弱的恒星和月亮，郭守敬还创制了窥几。窥几是一个长六尺、宽二尺、高四尺的长方桌，桌面上开有一条长四尺、宽二寸的南北方向的长缝。缝旁刻有尺寸；桌面上还装有两条二寸宽、可前后移动的木条，即"窥眼"。把窥儿放在圭面上，人在窥几下通过窥眼便可直接观测星月。

郭守敬在大都创制的铜高表，元亡以后，已下落不明。但他在河南登封县告成镇设计建造的砖砌观星台，却把这高表的模式保存了下来。登封观星台建于1279年，现存建筑物是明代于1528年重修过的。其台身的建筑面积有280平方米，台高9.46米。台上附设二室，一室放置漏壶，一室放置浑仪，设计十分巧妙。连同小室，通高12.62米。台底正中沿正北方向有一条长长的石圭，由36块方石拼接而成，全长31.19米，这就是量度日影长度的"量天尺"。观星台的高度用元代尺制核算，相当于四十尺高表的长度，所以观星台本身就代替了铜制高表的功用。这样的构思是多么精巧而实用啊！这座观星台在1944年曾受到过侵华日军炮轰枪击的毁损。新中国成立后修复，列为第一批全国重点文物保护单位。尤其令人兴奋的是，早在明朝嘉靖八年（1529）重修观星台时就发现拼接量天尺的36块方石已缺失了一块，只剩下35块。而二三十年之后，那块缺失的方石又被找到，重新拼接上去，丝毫不差！

仰仪浑天象

郭守敬从1276年至1279年这短短的三年中，精思巧制出了简仪和高表、显符、窥几，还制作了候极仪、浑天象、玲珑仪、仰仪、立运仪、证理仪、日月食仪、星晷、定时仪、正方案、丸表、景正仪和座正仪等十多种大大小小的天文仪

器，还绘制了仰规复矩图、异方浑盖图和日出入
永短图等一批天文图，这些天文图都是用来辅助
仪器使用，使操作人员得以用来与实测相印证和
参考，由此我们可以看出，郭守敬的技术成就多
么斐然！现在我们再来看看他是如何创制仰仪和
浑天象的。

仰仪是郭守敬独创的一种天文仪器，因其
构造简单实用而备受称赞，被认为是郭守敬的代
表作。仰仪是一只铜制的半球，仰天陈放于砖砌
的台座上，就像一只大锅。这口锅可是很大，
直径有十二尺，换成米制为2.94米，深六尺，也
就是1.47米。锅沿有一道圆形水槽，注入水后便
可以校正使仪器处于水平位置，锅内刻有赤道
坐标，同地平以上的半个天球呈球心对称，锅
的南面有一个十字架，横竿架在锅沿上的东南
和西南两点上，直竿从南点伸向球心。端部有
块用小框架套住的小板，可以在框架内南北旋
转，而框架则可带着小板东西旋转，小板中心
正对球心有个小孔。转动框架和小板，可以使

小板板面正对太阳，与日光垂直，这时锅内面上就形成有一小小的太阳针孔倒像，从而在坐标网上直接读出太阳的位置。其功用同观测太阳方位时刻的日晷一样，所以仰仪可以当成一具球面日晷。而当发生日食时，仰仪面上的太阳像也会发生相应的亏缺。因此，用仰仪可以直接测出日食发生的时刻和方位，使之成为一种日食观测仪器。

仰仪曾东传到朝鲜和日本。上世纪60年代，北京发现一件传世古旧牙雕便携式微型仰釜日晷。经天文学家伊世同先生考证，这是国内首次发现的朝鲜制品，确定制作于1762年，朝鲜仰釜日晷在原理和结构上都是受到郭守敬仰仪的影响而制成的。

浑天象，又叫浑象，是现今地球仪的祖先，那是一个表面缀刻着周天星宿的铜球，能围绕着南北极的枢轴转动，象征一个包在大地外面的天球，可以用来演示日月星辰的东升西落以及各种天象。郭守敬制造的浑天象，刻有赤道、黄道、南北极，以及去极度和二十八宿宿度线，好比现代地球仪上的经纬度一样，它既能表达满天星星的准确位置，又能很容易地显示出日月五星运行在天上的方位，白天可以看到当时在天空中看不到的星星和月亮，阴天和晚上也能看到太阳所在的位置。浑圆的天球，盛放在一个方框内，使球露出一半在方框的上边，方框象征大地，露出的半球代表我们头上的天穹。转动天球，便可以使球面上的星星与天空中呈现的星象相吻合，也可以预示几小时或几月之后的星空。夏天白天长、冬天白天短的道理也可以在浑天象上得到形象生动的说明。它对观测天象和帮助人们直观地理解日月星辰的运行规律，都具有很大的实用价值。

巧思绝人

郭守敬在后来的工作研究中，又继续制作了好些机械和仪器。它们的类型多种多样，各有特色，构思灵巧，质量精细。当年太史局将这些仪表样送呈忽必烈审阅时，郭守敬当面向他一件件陈述原理，说明用途，讲解得十分详尽。忽必烈从清晨一直听到傍晚，津津有味，一点儿都不觉得厌倦。无怪乎当初张文谦向忽必烈推荐郭守敬时，称誉他"巧思绝人"了。

郭守敬所造的仪器，在他那个时代，的确达到了世界先进水平。郭守敬最大的特点在于他善于总结前人的得失，大胆创新。同时他十分注意精密度，他创制的仪器所达到的精密程度令人叹为观止。由于他的努力，新历的编制工作建立在精确数据之上，可以说，这确是新历得以成功的一个重要原因。

明末，西方传教士汤若望来到中国，看到郭守敬创制的仪表，十分惊异，尊称郭守敬为"中国的第谷"。第谷是16世纪世界著名的丹麦天文学家，他曾自制过许多天文仪器，被西方视为"天文仪器之父"。他的成就和贡献虽可同郭守敬媲美，但却晚于郭守敬3个世纪。因此，更准确的说法应该是：第谷是欧洲的郭守敬。

值得一提的还有当时的冶炼制作技术，郭守

敬创制的那些天文仪器，制作十分精美，量度也
非常准确，这实在有赖于我国古代能工巧匠们的
高超技艺，也是我国古代劳动人民勤劳智慧的体
现。

六、天体测量 广博精深

　　郭守敬同王恂一道，于1276年主持修订历法的专门机构太史局之后，创制了许多天文仪表。那么他是不是等到新仪表制作完成以后再进行实测工作呢？不是的。他一面尽快筹划创制新的、更精密的仪表，一面因地制宜，马上利用并整修旧的仪器，昼夜进行天文观测，积极投入到科学实践活动中，为了编制准确的历法，需要扩大天文观测的规模并提高观测数据的精度。于是，他们上书元朝政府，请命在大都设置太史院，建造司天台，并提出在全国范围内设立测量站，进行大规模天体测量的方案，得到忽必烈的赞同。

设置太史院

郭守敬亲自选定京城东墙南端脚下为太史院院址（今北京建国门内明清古观象台北面一带），亲自设计太史院房屋的建筑式样。于1279年开始动工修建。竣工后的太史院建筑群，四周环绕着一周墙垣，长约150米，宽约100米，里面是个大庭院。中央矗立着的主体建筑物是一座台屋结合的综合性建筑——司天台，四周环以太史院的衙署房舍。

太史院设太史令一人，总管院务，最初由王恂担任。郭守敬先为副职，任同知太史院事，1286年升任太史令。同时还有一个金太史院事的职位，协助王恂、郭守敬的工作。我们先前提到过，王恂和郭守敬各有专长，因而分工不同，王恂擅长数学，凡日月五星的运行，四时昏旦中星宿的变易，均由他负责推导演算；郭守敬则精于仪象，凡表、漏、仪器的制作，时间的计量，日月星辰位置的测定，都由他负责规划办理。因此郭守敬的工作是十分重要的。

太史院还设有主事、令史、译史、通事、提学、教授、学正、管勾等各级官员，分管行政事务和教学工作。太史院的主要业务工作分属三个局，一为推算局，一为测验局，一为漏刻局。这种建制和规模的天文专门机构，在世界中世纪的历史上，堪称首屈一指！

建立司天台

太史院的主体建筑司天台，就是我国古代称为"灵台"的天文台。由郭守敬设计并主持建造的元司天台，是一座高达七丈（换算成米制为17.2米）的三层建筑物。最高处平台顶部作为主要观测场所，安放着简仪、仰仪和高表，天文学家们白天在这里观测太阳，夜间观测星月。中间一层按八卦方位分成八个大间，分别放置日晷、漏壶、水运浑天仪、浑天象以及盖天图等各种图书资料，是科研业务的工作室。下层是太史令和所属三局官员的行政办公室和仪器储存室。这座司天台建筑高大宏伟，设备齐全，但却十分严密，安排得井然有序，真可以跟现代天文台媲美呢！

可惜的是，经过元末明初的连年战争，这座司天台已经荡然无存。现在位于北京建国门立交桥西南的古观象台是明代建造的。原置于古观象台上的明制浑仪、简仪等天文仪器现存放于南京紫金山天文台。目前北京古观象台上陈列着的是清制八大铜仪。令人愤慨的是，这些明清天文仪器在20世纪初还经历过一场劫难呢！那是1900年，八国联军入侵北京，将北京古观象台洗劫一空。法国侵略军将明制简仪等五件仪器在光天化日之下搬到其驻华使馆，公然据为己有。后迫于舆论于1902年归还我国。更有甚者，德国侵略者竟将明制浑仪等五件仪器抢走，运回本国并陈列在柏林波茨坦离宫。直到1921年根据凡尔赛和约，这些国宝才重归故国。1931年"九一八"事变后，日本军国主义大举进攻，威胁华北。在那种恶劣的局势下，我国天文学者为防患于未然，保护国宝免遭敌人再次劫掠，于1933年将明制浑仪和简仪运到南京，陈列在紫金山天文台上。从中同学们应该体会到，我国近代的历史是一段充满了屈辱的历史。只有国家真正富强了，才会国泰民安。

四海大测验

郭守敬继承和发扬了我国古代天文学家"观象授时"的传统，即注重天象观测，从大自然的运行中发现规律，借以确定二十四节气，指导农事活动及时进行。1279年，他向忽必烈进言，提出了要在全国范围内进行大规模天文测量的宏伟打算。他指出，唐代的天文学家一行在制定大衍历之前在全国选了13个点进行过一次规模宏大的天文大地测量；而如今元代的疆域比唐代大得多，若不派遣历官分赴各地进行实测，就不能了解各地昼夜时间长短的不同，日月星辰位置高下的差异，以及日月食的时刻差别等情况，因而就不能制定出精确的历法。忽必烈十分欣赏这个意见，立刻批准付诸实施。于是郭守敬同王恂等人经过仔细规划，在全国各地定下了27个观测点，派了14个监侯官，"分道而出"，开始进行了规模空前的"四海测验"。

郭守敬本人在忽必烈批准此事后不到一个月，就亲自带领人马从大都出发。先北上上都，再折返向南，经过阳城等处，一直到达广州和南海，历时整整一年。他不辞辛劳，一路亲自动手观测天象，还在沿途建设观测站，前面提到的著名的河南登封观星台就是他途经阳城之时设计建造的。

在27个观测点中，郭守敬重点选取了6个点，观测的项目同大都的观测站一样，都比较多。其余21个点，则有选择地遍布于全国各地，主要观测夏至的日影长度和二分（春分秋分）二至（冬至夏至）日昼夜的时刻数；并测定了北极的出地高度，即当地的地理纬度。

这次"四海测验"不仅涉及范围广，而且测量精度高。从史书记载的当时所测地理纬度来看，对比现在可确定的数据，其绝对平均误差只有0.35°，这样的精确度实在是非常惊人。特别是当时陕西行省的2个点，河南行省的4个点和中书省直辖地的8个点，其误差大大低于平均值，还有2处几乎没有误差。《元史·天文志》称"是亦古人亦所未及为者也。"也就是说，郭守敬的测验确乎已达到了登峰造极的地步了。

1631年，明徐光启上疏朝廷预告推算日食时陈述了四件事情，其中第三件便是说明测日食自古至今，由粗入精，而以后的"四海测验"，更须按地区"详求经纬之法"。郭守敬之后三四百年，徐光启仍然沿用"四海测验"的传统名称，可见元代所创"四海测验"的影响是多么深远！

郭守敬领导的这次著名的四海测验，从南中国海到西伯利亚，从朝鲜半岛到川滇与河西走廊。南北总长5000多千米，南起北纬15度，北至北纬65度，比唐代一行的测量范围北纬17度到40度高出一倍还多。东西绵延2500千米，东至东经128度，西到东经102度。这次四海测验的地域之广、规模之大、测量数据之精准，不但在我国历史上是空前的，在世界范围内，也是中古时代无可比拟的一次大规模大范围的天文测量壮举！难怪法国著名数学家、天文学家拉普拉斯（1749—1827）在其著名的《宇宙体系论》一书中的天文史部分，特别提到了这次测量，并给予了高度的评价，认为这次测量的精度是卓越超群的。这项重大成就，与郭守敬的努力是密不可分的。

恒星大观测

如果说，规模宏大的"四海测验"，反映了郭守敬天体测量工作的广度，那么，周密细致的恒星坐标观测，则代表了他天体测量工作的深度。

首先让我们来看一看我国古代天文学中的两个基本数据的含义，即去极度和入宿度的概念，去极度是星星距离北极的度数，而谈到入宿度，就不是三言两语能解释得清楚的了。我国古代劳动人民，在日复一日年复一年的劳作中，与大自然朝夕相处，逐渐熟悉了天空的星象。发现了星象循环往复变化的自然规律。早在3000多年前，商代的甲骨文中就有了对星辰日月变化的记述。大约在周朝初期，形成了二十八宿的星辰格局。人们在赤道与黄道附近，月亮行经的路程上，从不计其数的繁星中选出28个标准星座。因为月亮每晚都要经过其中一个星座，就像是月亮每个晚上都要按次序停歇留宿一样，人们便形象地将这28个星座称为二十八宿。由此，二十八宿成为确定星星位置的标准，所测星星与二十八宿距星的经度差，便是入宿度。二十八宿距星与北极连接形成的二十八宿度线，就像今天地球仪上的经度一样。入宿度与去极度也类似于现代数学上的坐标体系，应该说，这种测量标准体系在那个时代而言，是非常科学和先进的，体现了我国古代科学技术的高超水平。

郭守敬从小就爱观测星空，因而具备了观测二十八宿及众多星星的丰富经验。他知道，要准确观测星象，二十八宿距度非常重要。二十八宿的距度是指一宿的距星与它东侧一宿距星在赤道上相差的度数，是一项非常重要的基本数据。

自战国以来，这就成了天文工作中的主要工作之一。早期的单位是度，到北宋度下附有少度（1/3度）、半度（1/2度）、太度（2/3度），但所得数据仍不够精密准确。郭守敬决心重新测定更为精准的二十八宿距度及由此而得的诸星入宿度。

这一次，郭守敬将数据精确到了1/20度，即百分制下的5分，所测二十八宿距度的平均误差仅为0.07度，这是多么惊人的精确度啊！值得一提的是，郭守敬之所以取得如此的成就，他所创制的浑仪等新仪器发挥了很大的作用。这应了我国一句古语："工欲成其事，必先利其器"。就是说一个人如果要办什么事情，事先必须作好充分的准备工作，这样做起事情来才会有效率。俗语中的"磨刀不误砍柴工"说的也是这个道理。

郭守敬在大大提高了二十八宿距度精确度的基础上，又进而测量了全天的恒星。春秋战国时期，许多恒星都被测量并命了名。战国时期，魏国的石申夫编著过世界上最早的星表。汉初司马迁所著的《史记》中便已描述了500多颗星。三国时代的吴末晋初，太史令陈卓汇总古人著作确定下来的283个星座，1464颗星，在很长一段时间里成为典范。随后仍有不少天文学家投入到这项工作，例如唐代的著名天文学家一行，就重新进行过测定。而后宋朝皇祐年间又进行过一次较完备的测定工作，但也只是测量了每个星座的距星以及少部分星的入宿度和去极度。直到那时，测有数据的星的总数没有超过400个。然而，郭守敬对全天的恒星进行的不懈观测，大大超过了这个规模。据史书记载，他写过两本专业论著，一本叫《新测二十八宿杂坐诸星入宿去极》，一本叫做《新测无名诸星》。从中可以看出，郭守敬不仅对我国传统的业已命名的那1464颗星都重新予以测量，还对历史上从未起过名字的星星，也选了相当数目进行测量。可以说，这是中世纪最为详细而准确的星表。可惜的是，郭守敬写的这两本书未能传诸后世，现在已不在了。但经过历学家们的查考，从不完全抄本中得到的数据进行分析，郭守敬观测到的这么多星星的入宿度和去极度，误差十分微小，不仅远远超过了我国历史上著名的皇祐星表（12世纪初），同15世纪中叶闻名于世的兀鲁伯星表和16世纪末西方著名的第谷星表相比，是有过之而无不及。

《三恒列舍入宿去极集》为郭守敬所著《新测二十八宿杂坐诸星入宿去极》一书的不完全抄本，书中在星座图形的星圈旁标注入宿度与去极度。熔星图星表为一炉，是恒星图表表达方式的一种创新，可谓独树一帜。它标志着我国古代的恒星图表，已可从现存的石氏星表、宋代各星表至元代的星表，以及从敦煌星图到元明诸星图，贯串成一条有机的链索，反映了我国古代星象观测较完整的面貌和在世界恒星观测史上的高水平。令人遗憾的是现在已无法见到堪称巨著的星表的全貌了，但愿有一天我国考古工作者能重新发现它吧。

七、编制新历　应验四时

郭守敬自1276年主持太史局工作以来，同王恂等人通力合作，设太史院，建司天台，创制简仪、高表，实施四海测验，并根据观测数据，加以精密计算，经过4年的辛勤工作和不懈努力，终于在1280年编制出了一部新的历法。郭守敬等人将新历上报元世祖忽必烈，忽必烈极其满意，并取我国古籍《尚书·尧典》中"钦若昊天，敬授民时"之意，将这种新历法定名为"授时历"。这年六月，忽必烈命人写了一篇《颁授时历诏》，广诏天下，说明制定新历的原因和经过。十一月，忽必烈下诏正式颁发新的授时历。从此，每年的历书，都在上一年编好，到冬至颁发。

历法的历史

郭守敬等人在上书忽必烈，进呈授时历时，先分析了我国历法发展沿革的历史，并分析了各代各家历法的优劣。相传在黄帝、尧、舜的时候，人们已经开始观测日月五星。但到夏、商、周时代，历法还未能形成。到秦朝时，历法已略具雏形，但较系统化的历法，是从西汉邓平的太初历起。郭守敬他们在呈报新历法时说，自秦汉以来，到这次重修新历的1000多年的时间里，历法被重新修订过70余次。其中能够有所创新的，大约有以下13家历法：西汉太初历（公元前104）、东汉四分历（85）、刘洪乾象历（223）、后秦姜岌三纪甲子历（384）、南朝何承天元嘉历（445）、祖冲之大明历（510）、北齐张子信对日月五星长达30年的实测、隋代刘焯皇极历（604）、唐代傅承钧戊寅元历（619）、李淳风麟德历（665）、一行大衍历、徐昂宣明历（822）和宋代姚舜辅纪元历（1106）。这些历法由粗到精的发展历史，就是人们对自然规律的认识由浅入深的过程。

废积年日法

那么授时历与以往旧的历法相比，有哪些创新之处呢？

首先，授时历大胆地废除了在它以前数十家历法惯用的"积年"和"日法"。古人治历，首重历元。人们为了便于推算朔日与节气的日子，往往要选出一个类似于标准日的初始日期，称为"上元"，从这个上元日往下算到制历那年冬至，中间的年数叫做"积年"，这样做虽然有利于推算朔日与节气，但由于积年要取许多数目的最小公倍数，加以还要进行一些修改和调整，数目往往是几万年甚至几千万年。如此巨大的数目为别的天文数据的计算带来了很大的不便。有了积年数，必定还会有积日数。我们知道，一年的时间并非365天整，还有一个不满一日的余数。这个余数，历来用分数表示，这个分数的分母称为"日法"。日法的确定，既要有利于日月五星的计算，又要求符合上元的推算。汉代的历法，日法取值为4，因而得名为"四分历"。西汉邓平的太初历法取日法数为81，还不算大。随着历法计算的日趋精密，这个数值也越取越大。如宋代的明天历，取日法数为39 000，也非常累赘。

郭守敬等人制定授时历时，认为造历全凭实测数据，不必虚立一个遥远的上元和庞大的积年，也不必硬凑一个繁杂的日法，而是以新历的当年，即至元十八年（1281）为历元，并以上一年的冬至日和时刻为计算新历的初始日和初始时刻。同时对一年365天以外的余数，不再用分数，而改用日以下逢百进位的刻、分、秒、微，于是小数制建立起来了。这样比以前各历"积年日法，推演附会，出于人为者，为得自然"。也就是说，授时历废弃了传统的积年和日法，这比以前各历法人为地设立繁杂的数字要自然得多，省算省事。废积年日法，是郭守敬授时历的一大创举。

测关键数据

授时历的另一大特点在于"密测"，即精密测量，郭守敬及其同事们根据他所创制的各种新仪表进行了精密的天文观测。考证了七项关键性的天文数据。这也是授时历得以成功的基础。下面主要介绍冬至时刻、回归年长度和黄赤交角值的测定。

古人曰："冬至者，历之本；而求历本者，在验气。"中国古代历法主要是为农业服务的，因而最要紧的是要确定二十四个节气，而冬至时刻的测定则居首位。只有首先确定了冬至时刻，才能由此确定出其他节气的日子。为了制定授时历，郭守敬带领太史局人员从至元十三年（1276）冬至开始，连续四年用圭表进行日影观测。他沿用了祖冲之取冬至日前后差数相同日子的晷影进行成对计算的方法，但在时间间隔上，他比祖冲之取得更大更精密。祖冲之分别测量了冬至日前后各二十三四日的晷影长度，而郭守敬最长取了前后各一百七十八天，即两头都近乎半年之久。从史书记载的数据来看，较之其他著名历法，授时历的冬至时刻最为准确，这都得归功于郭守敬的反复测量和精密计算。

测定了冬至时刻，接下来需要确定的数据便是回归年长度。我们知道，两个冬至时刻之间的平均时间间隔，就是一个回归年。郭守敬在制定授时历期间连续测出了四年的冬至时刻，得到了三个回归年长度的数据。但他觉得自己实测年份还太少，不足以作为制历的充分依据。于是他充分利用我国古代历法中的优秀遗产，从刘宋大明六年（462）到元代至元十五年（1278）这817年的历史资料中，广泛选取，仔细审核，最终取出六个比较可靠的冬至时刻，得出五个回归年的长度。再结合自己的实测数据，将回归年长度确定为365.2425日。郭守敬采用的这个新的回归年长度值，同当今世界通用的公历，即格里历所用的回归年长度值完全一样！而格里历是在公元1582

年颁行的，比郭守敬的授时历晚了整整3个世纪呢。

历法中还有一个重要的天文数据——黄赤交角值，即地球绕太阳公转的轨道平面与地球赤道平面的交角值。这个数值在我国古代被称作黄赤大距。它从汉代以来一直为24古度。到郭守敬制定授时历时还没人改变过它，但郭守敬凭着严谨的科学态度，经过多次实例，推算出黄赤交角应为古度23度90分。这个数值与近代天体力学理论得出的当时的准确值的误差十分微小，大大精于同时代国外天文历法中的黄赤交角值。由此，近代欧洲天文学家拉普拉斯对我国黄赤交角值的历史资料给予了高度的评价，并引用我国古代的有关数据作为他的天文理论的证据。

数术精密

中国古代天文、算术从来不分家，天文学家往往也是精于数术的大数学家，天算大师被统称为"畴人"。历法测量是这两个领域的智慧结晶，编制一部优良的历法，第一要靠精密的观测，第二离不开先进的数学计算方法。授时历就充分体现了我国古代天文学家们在这两方面的卓越技能，而在前面我们主要介绍了郭守敬在创制仪器、精密测量方面的成就，事实上，郭守敬在数学计算上也是很有造诣的。郭守敬在制定授时历的成就，归纳起来有平立定三差术即高次差内插法，割圆球矢术即高次方程数值法和弧矢割圆术即球面几何学这三项。这几种方法，都是郭守敬以前所没有的，是郭守敬同王恂的创新。因为这几种数学方法涉及较深的数学知识，在这里就不做详细介绍了。

从郭守敬身上，我们看到了中国古代天算科学传统的最高体现，它表现在以算法见长，以解决实际问题见长。我国古代，天文学与数学通过历法相辅相成，相互促进，加速了我国古代科学技术的发展。

行用数百载

综观《授时历》，同时建立在"密测"与"精算"的基础上，难怪乎它是中国古代历史上最精密的历法。它自元代至元十八年（1281）行用到元代末年（1368），共计88年。随后的明代的大统历实际上是授时历的翻版，行用至明代末年（1644），又是276年。这样，授时历在元、明两代一共用了364年。是中国也是世界古代历法中使用时间最长的一种历法，由此可见它的准确度是很高的。

综观郭守敬等人在制订授时历期间所做的工作，是十分令人称道的。首先他们遍考了自汉朝以来的优秀历法40余家，对它们作了认真的分析比较，留其精华。因而历史学家称"授时历集古法之大成"，是名副其实的，其次，他们非常注重实际观测。四海测验就是一个很好的例子，天文学是一门实践科学，实际观测是一项日常基本工作。只有通过实际观测，才能熟悉日月五星的运行，才能掌握大自然的运行规律，郭守敬等人，在制定授时历后，曾提出一项科学的建议。他们说，为了保证历法的准确性，今后不定期须年年进行观测修正，至少要坚持积累30年，历法才能妥善无误。他们提出要"日日考测，积月为岁，积岁为世，必于历法益精益密。"体现了他们科学严谨的态度。沿用到明代，明代的大统历虽然就其实质内容而言与授时历一般无二，但掌管天文历法的官员却大都不学无术，只知道按授时历照葫芦画瓢，并不做实测验证工作。在这种情况下，大统历才日久差误渐生。

事实说明，郭守敬和王恂等人，亦吸收了历代有价值的经验，又有新的创制；既开展了大规模的实测活动，又从事了精密准确的计算，他们的治学精神和科学态度，是我国古代科技工作者的典范，更是我们后人的楷模，值得我们学习。尤其当王恂死后，郭守敬升任太史令，独挑大梁之后，他的治学态度更为严谨。至元三十一年（1294），也就是在授时历制定14年后，他根据多年来对天象的实测和验算，又对有关数据重新论证，使之更为精密。

授时历还东传到朝鲜和日本。元朝时期朝鲜高丽王朝使用的就是授时历。授时历传至日本也很早，直到德川幕府时代，还被一再刊行，这时中国已是清代，早已不用授时历了。1684年，日本天皇下令采用根据授时历原理和方法，结合日本观测实际制定的大和历，更掀起了日本研究授时历的热潮。其后不到百年间，专门的著作就出版了50多种。时至今日，日本学者还在热心地研究授时历。由此可见，授时历的影响是多么深远啊！

但在中国古代，天文历法全由皇家垄断，民间不许私藏。在元代，这种封建王朝的陋习也不例外。如在至元三年（1266），元政府就两次下诏收缴天文图书及相关书籍，凡私藏此类图书及暗地里学习天文学的，一经查实，便会被判罪。授时历在至元十七年（1280）正式颁行时，太史院还奉命张贴布告，规定凡民间伪印历书的，一律以犯罪论。这是多么专制而愚昧啊！由于授时历在民间流传甚少，因而后来在封建社会频繁的战乱中大部分踪影全无，实在令人惋惜万分！

授时历是古代历代历法中最精确、最先进

的，在世界范围内也是首屈一指。它的许多地方都远远走在了同时代西方历法的前面。它标志着我国古代的科学技术水平发展到了一个十分高超完备的阶段。郭守敬由于主持了授时历的编制，并承担了许多重要工作，因而在世界天文学发展史上，他应该占有相当重要的一页。

八、开浚运河　惠及后人

　　1281年，也就是授时历颁行的第二年，太史令王恂病逝。这样，全副担子都落在了郭守敬身上。虽然授时历已初步拟订，但仍剩有大批原始资料有待整理，编撰成书；测量所得的大量数据，也需分类核定，汇集成册；而他精制出来的仪表仪器，其构造和工作原理，也需要记录下来，以传后世。这种种的工作，任务是很艰巨的。拟订新历，花了4年的时间，整理资料，编书汇册，却也费了4年的功夫。郭守敬首批完成的关于授时历的著作有《推步》、《立成》等多卷。1286年，郭守敬升任太史院的太史令职，相当于现在的国家天文台台长。

那时，元朝刚刚平定江南，统一了中国。北京（当时称为大都）作为这个封建大帝国的首都，是全国的政治军事中心，但富庶的南方江浙一带，仍是全国的经济中心，每年要向中央政府缴纳大量的粮食及其他物资。如何将南方的粮食物资省时高效地运到北方的首都，成为了关系国计民生的问题。本来从金朝起，在华北平原上利用天然水道和人造运河建立了一个水路运输系统，使元朝的漕运河从杭州直达通州。但因通州、大都之间几十千米间并无较大的天然河道，这一段路只好采用陆地运输，随着大都日益繁荣，人口不断增加，对粮食等物资的消费需求与日俱增。到了1288年，甚至分设了两个漕运机构，从河上、海上两方面运粮到通州。根据1290年的统计数字，大都粮食的需求量已由过去的每年几十万石激增到每年一159万石。这么多的粮食物资，一到通州后，都得装车从陆路运入大都城内。这不仅需要配备大量的车辆、牲畜和役夫，而且一到雨季，道路泥泞难行，往往车陷泥中，驴马倒毙。如此费工费时，费钱费力，粮食还是不能及时运至大都城内。于是，通州到大都这十几千米的运输问题便成了急需解决的难题。

此时，年届花甲并已转而从事天文历法研究十数年的郭守敬，又回到城市建设的水利工程上来，以他青壮年时期邢州治水、西夏修渠的丰富经验和深厚造诣，领导了通州至大都间运河的开浚工作，并取得了成功。

重操旧时业

这次开浚运河的契机，是上都开平府（今内蒙古多伦附近）的供粮问题。上都是忽必烈的老根据地，它"北控沙漠，南屏燕蓟"，既是北方政治、经济、文化的中心，又是内地通往漠北的交通枢纽和军事重地。忽必烈每年都要到上都去避暑，常常是四月份去，直呆到这一年的九月才回来，上都还是一个大转运站。自中原向漠北输送的粮食、日用品等物资，都要先集中运送到上都，再分运到各地。其中仅米粮一项，数量也十分巨大。从大都转运粮食物资到上都，当时有人分别提出了两个不同的办法：一是想利用永平（今河北卢龙）至开平的滦河河段，拉纤挽舟，溯流而上；一是想利用麻峪村（今北京石景山西北）至荨麻林（上都附近）的卢沟河河段，沿河道迂回曲折，辗转北上。

这两种意见似乎都有道理，忽必烈难以抉择。他突然想到了精通水利且认真负责的郭守敬，觉得郭守敬是去实地查考的最佳人选。便派郭守敬去实地勘探，决定两种方案的取舍。

1291年，郭守敬带人沿两河水道乘船试行。发现第一条路线无法通航；至于第二条路线，也是河道浅窄，沙石成堆，即使投入大量人力挖深河道，也会因该地降雨量少，缺乏水源而难以通行船只。因此两种方案都行不通。郭守敬回到上都向忽必烈汇报了勘探结果，避免了一次劳民伤财的无谓劳作。另外，凭着水利方面的深厚功底和卓越见识，他对如何兴办水利，另外又提出了十一个工程项目。其中第一事就重复了他在30年前（1262）同样也是在上都向忽必烈呈报水利六事的第一事——打通通州至大都的运河。

复任都水监

当年（1262），忽必烈曾接受郭守敬当时所提出的引玉泉山下的泉水入旧漕河开通通州至大都间运河的建议，并付诸实施。但因引来增加水源的毕竟只有一泉之水，流量有限，对于恢复航运并无多大帮助。

1276年，郭守敬关于开辟水源的另一个方案得以实施，那就是利用过去金人在京西麻峪林所开的旧运河，在其上段开一道分水河，当河水暴涨而危及运河时，就打开分水河的闸口，以减少进入运河下游的水量，解除对京城的威胁。可惜因为这段运河河道陡峻、水流湍急，粮船难以逆流而上；如果在运河上建立闸坝，控制水流，又会产生泥沙淤积的问题。结果这段运河对解决大都的运粮问题，效果仍不明显。

　　多年来，郭守敬对这个问题一直十分关注，他在大都已工作了将近30年了，关于大都及其周围地区的地理、水文情况 自然更加熟悉和清楚了。吃一堑，长一智，失败乃成功之母。郭守敬吸取了前两次失败的经验教训，经过多年的深思熟虑与实地勘测，提出了一个新的更周密的计划。他发现，在大都西北三四十千米的昌平州（今北京昌平县）东南神山（今凤凰山）脚下有一眼白浮泉，水质清澈且流量大，可以引来作为水源。于是他在1291年向忽必烈提出具体计划：向昌平神山白浮泉修白浮堰，引白浮泉水西折南转，合双塔、榆河、一亩马眼、玉泉等西山山麓的其他泉水。绕出瓮山泊后，汇为七里渠，东入西水门，贯通积水潭，东南出文明门，东到通州高丽庄，入旧漕河。这个计划对正在为大都粮运问题伤脑筋的忽必烈而言，无疑是雪中送炭。他十分赞赏这个计划，兴奋地对郭守敬说，你赶快办起来吧。并下令委派郭守敬主持这项工程，尽快动工。

1292年春，郭守敬以太史令原职，兼任都水监的职务（他曾于21年前的1271年首任都水监），开始施工组织设计和准备工作。当年汛后八月，工程开工。工程开工后的当天，忽必烈为表示对此项工程的重视和倡导，特别下令让官职在丞相以下的大小官员来到施工现场，听候郭守敬的调度，参加劳动。

引渠白浮堰

从神山引白浮泉水等经三四十千米到大都城西的瓮山泊，是工程的关键。因为白浮泉等水源本来都是顺着天然地势由高往低向东南方流入白河，不经过大都，无法归入运河。于是郭守敬因地制宜设计筑堰，向西开凿河渠，使白浮泉水先背离东南方向的大都而往西去，直通西山山脚，然后顺着平行山底的路线，引泉水向南而来，其间又拦截汇集了西山东流的众多泉水，浩浩荡荡一齐汇入大都城西的瓮山泊。

从白浮泉至瓮山泊的引水渠道在当时被称为"白浮瓮山河"，明代以后常用其起点工程"白浮堰"称之。而大致可分为白浮泉至横桥村北段、横桥村至冷泉中段和冷泉至瓮山泊南段这三段，其间总长度据文献记载，推算下来大约为32千米，有些地段，偏东一些，则要穿越清河和沙河的河谷，从高度上分析，无法引水至瓮山泊；如果再向西移些，则会增加渠道长度和开挖工程量。从这取舍之间，可以看出，郭守敬在地形测量和施工实践方面的功底是多么深厚呀！

建闸利船行

解决了通州至大都间运河的水源问题，剩下的问题便是要克服这段运河河床倾斜的坡度给航运造成的困难。由于水源是清泉，泥沙少，不易淤积，郭守敬决定用籛坝设闸来控制河渠的水位水量，以保证粮船平稳上驶。

郭守敬设计自瓮山泊以下至通州高丽庄，每5千米左右设闸一处，每处置相距500米左右的上下二闸，有两处还根据地形条件和行船要求，增建了中闸，总共设闸11处，计闸24座。当提起上一段河水处的闸时，便关闭下一段河水处的闸，这样水就被蓄积控制起来，流不下去。在保持一定的水量后，大船也能逆水而上，通行无阻了。这是郭守敬创造性的设计。

衔接北运河

通州原称路县，金代取"漕运济通"之意，改称通州，是北运河的终点码头。

郭守敬在浚通大都至通州的金代运河故道时，在通州西水关附近与北运河衔接处，改变了原北运河旧河道，另辟新河道，向东南方穿过通州，流经高丽庄以东，至李二寺入白河。这样一来，就比原来的河道缩短了三分之一的距离，省时又省力。

伟截通惠河

通州至大都的运河工程，自1292年8月开工，历时不到一年，至1293年7月竣工，工程规模浩大，施工速度惊人。那时，郭守敬已经年逾花甲，却总体负责规划、设计和施工，一旦遇到重大技术问题，都需要郭守敬亲临现场，指挥行事。形象地讲，他相当于今天的工程总指挥和总工程师。由于当时缺乏从通州到大都这一段有关的地形地质资料，郭守敬只能靠实地勘测、访问乡邻等，借以摸清情况，作出判断。因此，工程难度是相当大的。据记载，参加工程施工的人员有军人19 129人，工匠542人，水手319人，没官因隶172人，总计用工285万人次，费银152万锭，粮食38 700石，石、木163 800车，白灰、桐油、木柴不计其数。工程如此浩大，用工用料如此庞杂，需要严密的组织规划。郭守敬担负重任，成功地主持了这次工程的实施。

1293年秋，工程刚刚竣工，忽必烈从上都回到大都，亲自查看工程效果。他看见运河工程的终点码头——大都城内的积水潭中，船只首尾连接，有遮天蔽日之势；南方海运、河运两路北上的运粮大船，来来往往，盛况空前。忽必烈心中十分高兴，因为如此一来，大都的粮运问题总算是彻底解决，他心中的大石头也算是落了地。忽必烈还亲自将这条运河命名为"通惠河"，并觉得郭守敬是第一有功之臣，于是赏赐给郭守

敬12 500缗钱钞，同时任命他仍以太史令原职兼
"提调通惠河漕运事"。

通惠河开成后，古代沟通中国南北的大动
脉——大运河全都完成。南方运送物资的大船可
以从杭州直达大都，促进了南北经济交流和社会
生产的发展。通惠河从昌平神山白浮泉经大都城
到通州高丽庄，全长80多千米。今天，北京市供
水工程用的京密引水渠，自昌平经昆明湖到紫竹
院西北一段，基本上还是沿用郭守敬当初的路
线，通惠河的名称，也一直沿用至今。

贯通大运河

大运河是我国历史上最伟大的水利工程之
一，也是世界上开凿最早而工程规模最大的一条
运河。它从公元前485年春秋时代吴国开凿的邗
沟（淮阴至瓜州）时算起，经历代的不断增凿，
到郭守敬1293年开成通惠河，迄至1327年通惠河
上的24座石闸的基本改建完成，前后历时1800多
年，全长1700多千米。大运河贯通海河、黄河、
淮河、长江和钱塘江五大河流，穿过河北、山

东、江苏、浙江四省，北起北京，流经天津、德州、济宁、淮阴、扬州、镇江、无锡、苏州等大城市而直达杭州，根据水的流向，大运河可分为五段。

1.京津段，长约160千米，其中从北京到通县的一段，就是郭守敬主持开凿的通惠河。从通县到天津的一段，称为北运河。

2.津黄段，长约560千米。其中从天津到临清的一段，称为河北南运河，即隋代开凿的永济渠。从临清到黄河北岸的一段，称为山东北运河，即元代开凿的会通渠。

3.黄淮段，长约460千米。其中从黄河南岸到韩庄的一段，称为山东南运河。山东南运河中有一段为元代开凿的济州河。从韩庄到淮阴的一段，称为中运河。

4.淮江段，长约180千米。其中从淮阴到瓜州一段的邗沟，隋代又修浚成为山阳渎，统称为里运河。

5.镇杭段，长约340千米。即清代开凿的从镇江至杭州的江南河，现称为江南运河。

　　大运河的开通是我国水利史上的伟大成就，是千百万劳动人民千百年来战天斗地的标志。虽然历代封建王朝的统治者征调劳动人民开凿大运河的主要目的在于沟通漕运，剥削南方的财富，进而维持他们的统治地位。从而，大批的劳工壮丁受尽苦难、忍冻挨饿、流血流汗，付出了沉重的代价。但客观上大运河促进了南北物资的交流，对社会经济与生产发展，起到了很大的作用。而且，今天的大运河掌握到了人民手中，大运河的畅通运输，真正发挥了为人民谋福利的作用！

九、著作丰硕　巧制奇器

　　1294年，就在郭守敬完成通惠河开浚工程的次年，由于他在水利工程和天文历法方面的重大贡献，升任昭文馆大学士兼知太史院事。昭文馆大学士是元代授予汉族文职官员的一个级别颇高，但无实权的荣誉性虚衔；知太史院事是太史院的最高长官，职位还在太史令之上。这时，郭守敬虽然已年过花甲，晚年在学术上仍有所建树。

笔耕百余卷

　　前面已经提到过郭守敬同王恂等人编制的

《授时历》于1281年颁行后，王恂不幸于次年（1282）病逝。此后几年间，郭守敬编排整理完成了授时历《推步》七卷、《立成》二卷、《历议拟稿》十二卷等著作，于1286年他继任太史令时将这些书稿上呈元朝政府。此外还有《时候笺注》二卷、《修改源流》一卷。后来他转而从事疏浚通惠河的水利工程，天文历法研究和著述工作只好暂时搁在一边。1294年他回到太史院后，又继续整理和撰写了《仪象法式》二卷、《二至晷景考》二十卷、《五星细行考》五十卷、《古今交食考》一卷、《新测二十八宿杂座诸星入宿去极》一卷、《新测无名诸星》一卷和《月离考》一卷，都藏于太史院内。郭守敬在天文历法方面的著作，前后共计14种，105卷，在我国古代天文学家中是著作最丰的一位。由于元朝政府禁止民间私藏天文图籍，明文规定所有的天文书籍必须上交国家，违者将治罪。而太史院收藏的这些书籍，在元朝灭亡时被元朝统治者携往漠北，后陆续散失，现在已无从查考，令人痛苦至极！所幸还有少部分内容载在《元史·历志》中。

郭守敬还有一些天文历法著作，在后人的一些记载中被保存了下来。如清初数学史家海文鼎《勿庵历算书目》载《郭太史历草补注》一卷，《堑堵测量》中最后一节"郭太史本法"则介绍了郭守敬《授时历草》的"孤矢割圆图"、"侧视之图"和"平视之图"。其中，后两图可作为郭守敬应用二视图的旁证，这比西方的二视图早了至少两个世纪，在世界历法几何前史中具有重大意义。

老年制奇器

老年的郭守敬不仅勤于著书，而且仍勤于动手，亲自制作各种奇巧的仪器。

他创制过一种自动报时的"七宝灯漏"，采用水力转动，使之运转，灯漏里有手执报时牌的神像20个，和手执钟、鼓、钲、铙的报刻神像4个，每到正时、正刻，它们就会自动出来敲钟打鼓，报告时辰，这样一具巧妙的时钟，的确是相当完美的，元朝政府在朝会时，常把七宝灯漏挂在大明殿上，故古史上又叫做大明殿灯漏。

　　大明殿灯漏的动力装备，是一组水力机械。利用水车源源不断地将水注入水箱中，这组水箱是由好几个由高至矮的漏壶组成，其目的是使最后一个漏过来的水能够匀速地流出，依次冲击振动一个枢轮。枢轮旁装有一整套轮轴装置，带动灯漏里的神像按时报时。灯漏上面的附件是用来测量仪器是否水平而用的曲梁和中梁。

　　曲梁和中梁不采用以水平槽解决水平问题的传统方法，而是采用重力下垂原理，在曲梁中部设置"云珠"一颗，左右两旁，又分别设置"日球"与"月球"各一颗。曲梁两端用龙首作装饰，当梁摆动处于不水平状态时，两个龙头各自口吻张合，目珠转动，如同在审视梁架是否处于平衡位置一样，栩栩如生，云珠下面，悬挂了一颗"大珠"，大珠之下是中梁。中梁左右梁架上盘旋着两条雕刻精美的龙，成双龙戏珠之像。当大珠摇摆时，两龙摇头摆尾，随之转动。这种巧妙的设计，不但是中国仪器制造史上关于水平装置的一次变革，而且将观赏性和实用性有机结合在一起，令人赞叹不已。

1298年，郭守敬还设计制造了一种灵台水浑象。这座仪器分两个部分，主体是一座浑象。我们前面介绍过，浑象就是天球仪，是木制或铜制的大球表面缀刻上周天星宿，使它能围绕南北极的枢轴转动，象征一个包在大地外面的大球。郭守敬所制的这座浑象外围有两环圈，一环表示太阳在天球上的轨道，即黄道；一环代表着月亮运行的轨道，即白道。而这座灵台水浑象的最大特点在于它可以自动运行，且连续不断。那么动力来源何处呢？原来动力装置仍是一套漏壶，水通过这一套漏壶形成均匀的水流冲击一排25个木制的机轮。利用这组机械装置，浑象可以按天球的运动而向左旋转。缀有代表太阳小球的日环，则每天向右旋转，走动一度，表示太阳一天的运动；月环上代表月亮的小球，也会按照月亮运动的速度，每天向右旋转13度左右，看到这里，我们可以得出结论。这座灵台水浑象实际上也是一座天文钟，能向人们报示时间，只是这台天文钟实在是太奇妙了，它不但能够报时，还可以自动表演太阳的东升西落，月亮的阴晴圆缺。在天文学研究中，这座天文钟兼日月运行仪。星象观测可以作为参考，对历法的计算还可以做粗略的校正。事实上，早在东汉年间，张衡便创制了类似的水运浑天仪；而在唐代，一行和梁令瓒苦心钻研，制成了水运浑天铜仪；北宋苏颂和韩公谦又制造了水运仪象台。因而郭守敬所制的灵台水浑象并非首创，但他的确是将这失传已久的机械恢复并进一步完善了。这座灵台水浑象同时也是郭守敬在天文学、数学、机械制造学方面深厚功底的体现。

有趣的是，郭守敬还尝试过制作木牛和流马。熟读《三国演义》的同学都知道三国时期大政治家、大军事家诸葛亮创造木牛、流马的故事。据史书记载，诸葛亮六出祁山讨伐魏国的第五次，开始以木牛和流马作为运输工具，十分神妙。但木牛和流马的外部形状到底怎样？它们的内部结构及使用性能又是如何的呢？史书上缺乏详细的记载。郭守敬经过仔细钻研，搞明白了这些疑问，复制出木牛和流马进献给忽必烈，忽必烈也觉得十分巧妙有趣。

垂暮之年的郭守敬，极感兴趣于计时漏壶的改进。他曾为成宗铁木真制作了一种柜香漏，为皇室祭祀天地或祖先的大典上使用而做过一种屏风香漏，为皇帝出行时携带方便而制造过一种行漏。

神人郭太史

此时郭守敬虽然不再担任水利工程方面的职责，但元朝政府在这方面有了重大问题，仍然征询他的意见。1298年，元成宗铁木真（元世祖忽必烈的孙子）想在上都西北郊的铁幡竿岭脚下，开出一条河渠南通滦河，宣泄山洪。于是诏郭守敬到上都商议规划。

已经68岁的郭守敬应诏北上，他不顾年逾古稀的高龄，亲自前往铁幡竿岭山区实地勘察，根据该地区多年来降雨情况和山洪暴发的历史资料，认为渠道必须有50步到70步（约合70—105米）宽，才能承受山洪暴发时的大水。但因平时这一带水势尚平缓，主管这项工程的官员目光短浅，加上元朝政府吝惜工费，结果施工时的实际宽度比郭守敬设计的缩减了1/3。没想到第二年就遇上连日暴雨，山洪直泻如注，溢出渠岸，泛滥成灾，冲没了人畜帐篷，还差点淹没了铁木真在城外比较高处龙岗下的行宫。使他不得不在第二天马上向北部更高的山冈上迁移，以避大水。铁木真想起郭守敬的预言，不由得对周围官员们感叹说："郭太史神人也，惜其言不用耳！"意思是说，郭太史真是神人啊，可惜没有听他的话。

蚕死丝方尽

1303年，元成宗下诏说，年满70岁的内外官员，可以辞官退休，即所谓的"告老还乡"、"解甲归田"。这时郭守敬已经超龄，也提出了退休的请求，但鉴于他是天文历算和水利工程方面的专家，今后还得依靠他，所以朝廷唯独不批准他的申请，让他一直留任，从此开了一个先例，后来规定翰林院、太史院掌管天文的官员一律不予退休。

耄耋之年的郭守敬仍然关心着天文和水利事业。例如，通惠河初建闸坎时，务求速成，所以都用木闸，十来年过去了，有些木闸已开始腐朽，郭守敬建议把已经腐烂和没有腐烂的木闸全部依次改建成石闸。为此，他要求闸户学习石工、木工、铁工和炼石灰的技术，以便不再征用民工，而把这改建石闸的工程直接交付闸户去办。通惠河上24座闸的改建工程从1311年开始，到1327年才基本完成。其间，郭守敬于1316年85岁高龄去世，按中国传统风俗，归葬于他的故乡邢台。墓地在县城之北15千米的地方。邢台人为了尊崇他，把他列入"乡贤祠"，以示纪念。

　　综观郭守敬的一生，为中国古代的天文和水利事业孜孜不倦，辛勤奋斗了60多年，真是如春蚕吐丝，至死方尽。

十、名垂星汉　环球共仰

中国古代科学技术在世界上曾长期处于领先地位，宋元时期是中国古代科学技术发展的高峰。郭守敬是元代在科学（天文学和数学）和技术（水利工程和仪器制造）两个方面都有卓越贡献和伟大成就的科学家。在世界科学史上也是一个出类拔萃的人物。如果要说中国历史上最杰出的科学家，郭守敬定然榜上有名，1962年，我国邮电部发行了两枚绘有郭守敬半身像和他所创制的简仪的纪念邮票。1981年，我国科技界隆重集会，纪念郭守敬诞辰750周年和他所制定的授时历颁行700周年。不仅如此，郭守敬在国际上也享有很高的声誉。

月球环形山

当皎洁的月亮在黑暗的夜空中放射着柔和的银光，把光亮洒向人间时，人们总会遐想连篇。自古便有"举头望明月，低头思故乡"，"明月几时有，把酒问青天"的美好诗句。月亮上的阴影，产生了嫦娥、吴刚、玉兔和桂花树的优美神话传说。但现代天文学知识告诉我们，月亮是一个围绕着地球旋转的球状星体，它的自转与公转的周期同步，所以月球始终以相同的一面向着地球，月球的背面对人类而言从来就是秘密。1959年10月，人类第一次拍摄到了月球背面的照片，发现月球背面有很多具有辐射纹的环形山。为了纪念世界各国著名的科学家，表彰他们在探索宇宙奥秘、造福人类的创造性科学研究中的巨大贡献，国际天文学会决定用他们的名字来命名这些月球上的环形山。

1970年，国际天文学会将月球背面位于134°W8°N的环形山定名为"郭守敬"，这是中华民族的光荣，我们每个炎黄子孙都感到无比的荣耀和自豪！

太阳小行星

月球是地球的唯一天然卫星，而绕太阳公转的除已知的九大行星外，还有许多已知的和未知的小行星。从1801年皮亚齐发现第一颗小行星以来，到1928年，我国现代天文学家张钰哲发现的小行星，已经编号到第1125。小行星的命名权属于发现者，张钰哲发现的第1125号小行星就被命名为"中华"。

中国科学院紫金山天文台于1977年把他们多年来发现的小行星中被国际天文学会确认并已编号的行星分别命名为张衡、祖冲之、一行和郭守敬，以纪念我国古代杰出的天文学家。其中，于1964年发现的国际小行星永久性编号为2012号的"小行星（2012）1964TE2"便被正式命名为"郭守敬"，并于1978年公布。

　　所以，著名科学家茅以升1984年10月14日在河北省邢台市郭守敬纪念馆奠基仪式上讲话说："郭守敬不仅在地上闻名，而且还在天上闻名，因为月球上边有一个山就叫郭守敬，另外太空里有一个星也叫郭守敬"。

铜像遗千秋

　　1985年12月6日上午，寒风凛冽。郭守敬大型铜像揭幕典礼在郭守敬的故乡——河北邢台郭守敬纪念馆隆重举行。

　　郭守敬铜像矗立在郭守敬纪念馆内按实比建造的仿河南登封古观星台的前面。铜像全身高4.1米，重3.5吨。炯炯有神的双目，显示出郭守敬深邃的智慧和科学的头脑，硬而稍翘的胡须，反映出他坚强的意志和实干的精神，环抱的四张图纸，象征他作出了卓越贡献的四个主要科学领域——天文学、水利工程、仪器制造和数学，飘然若动的长袍，象征着他的众多科技成就是在辛勤奔波于神州大地的伟大实践中作出的。

　　整座铜像体现了科学、智慧和实践的精神，

给人以高瞻远瞩，运筹帷幄，韬略在胸，胜利在望的感觉，具有巨大的感染力。它由著名雕塑家傅天仇设计，北京市机电研究院铸造研究所铸造。参加铜像揭幕典礼的全国人大常委会副委员长黄华题词道："郭公守敬，学究天人。誉弛中外，泽被人民，缅怀前贤，意在创新，振兴中华，赖我后昆。"

精神励后昆

学习郭守敬，我们就应该像他那样，从小立志，刻苦钻研各门学问。同时，学业有继承，学友有互助，大家在一起多多讨论问题，集思广益，取长补短，共同提高。

学习郭守敬，我们就应该像他那样，重视实验，躬身实践，摒弃"君子动口不动手"的旧传统，牢记实践是检验真理的唯一标准。

学习郭守敬，我们就应该像他那样，既善于吸取前人的精华，又不囿于前人的陈说，在继承的基础上有所创新、有所前进。

学习郭守敬，我们就应该像他那样，知难而

上，勇于任事，既树立起战胜困难的坚定信心，又做好克服困难的充分准备，谨记失败乃成功之母的教训，随时坚持真理，修正错误。

学习郭守敬，我们就应该像他那样，干一行，爱一行，活到老，学到老，锲而不舍，持之以恒，勇于攀登科学高峰，建树光辉业绩。

时代在前进，科学在发展，有志的青少年们，在缅怀郭守敬这位伟大的科学家而不禁肃然起敬的同时，更应该激发起我们热爱祖国、热爱科学的感情，肩负起时代赋予我们的重任，为祖国的科学事业奋斗终生！

世界五千年科技故事丛书

世界五千年科技故事丛书